AF248001

COMPARAISON

DES REVENUS PRÉSUMÉS

PROPOSÉS PAR LE MINISTÈRE

POUR ACQUITTER LES DÉPENSES

DE L'ANNÉE 1816;

AVEC LES RECETTES

QUE L'AUTEUR A PROPOSÉES

DANS SON OUVRAGE SUR LES RECETTES PUBLIQUES,

PAR M. SABATTIER,

ANCIEN ADMINISTRATEUR DU DÉPARTEMENT DE LA SEINE, ET ANCIEN PRÉFET DE CELUI DE LA NIÈVRE.

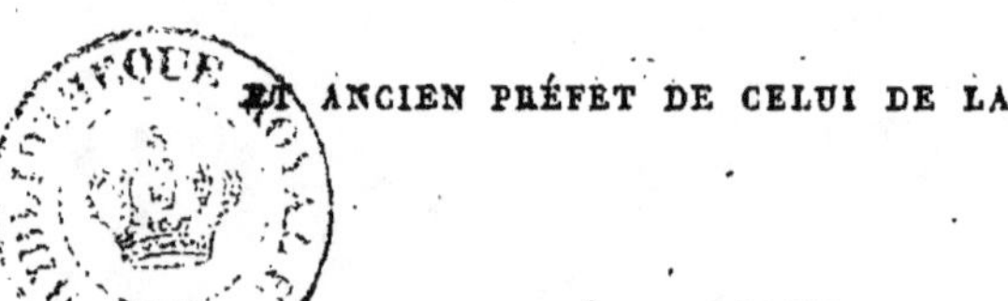

A PARIS,

CHÉZ { DELAUNAY, Libraire, Palais-Royal, Galerie de bois, n°. 245, côté du Jardin.
RONDONNEAU et DÈCLE, Place du Palais de Justice.

—————

1816.

Nota. Cet écrit a été composé exprès pour les hommes auxquels leurs occupations ne donnent pas le tems de lire les ouvrages qui, en présentant nos ressources, entrent en même-temps dans de longs détails, pour démontrer que, sans trop accabler les peuples du poids de l'impôt, nous pouvons acquitter nos dépenses ordinaires et extraordinaires.

L'Auteur a encore eu en vue les diverses classes de la société auxquelles l'aridité des calculs abstraits donne de l'ennui, et qui demandent que la solution des questions les plus importantes leur soit présentées en peu de mots, quoiqu'elles exigent les développemens les plus étendus.

COMPARAISON
DES REVENUS PRÉSUMÉS
PROPOSÉS PAR LE MINISTÈRE
POUR ACQUITTER LES DÉPENSES
DE L'ANNÉE 1816.

Avec les Recettes que, d'après l'Ouvrage que j'ai publié et que je rectifie en ce moment, je crois facile de réaliser.

« Le crédit d'un État consiste dans le bon arrangement des affaires publiques. ». (COLBERT).

CONTRIBUTIONS DIRECTES.

On voit page 14 et 192 de la proposition de la loi pour acquitter les dépenses de 1816, que les contributions directes y sont portées pour une somme de. . . . . 320,000,000 fr.

Sur laquelle la contribution foncière ou les centimes additionnels y figurent en masse pour une somme de   258,198,300 fr.

Au premier abord, on est effrayé par l'aperçu d'une somme de plus de 258 millions, à acquitter en *contribution foncière*, tandis que cette somme paraît moins considérable lorsqu'elle est divisée par nature d'impôt; aussi en me livrant à la discussion de ces branches de recettes, ai-je mieux aimé en faire la distinction, que de les présenter dans leur ensemble. Au moyen de cette division, on fait connaître la somme que rapporte chaque genre d'impôt, et l'on peut beaucoup mieux fixer son attention sur celui qu'il faut favoriser par des mesures utiles, sur celui que, dans des circonstances urgentes, il est facile d'augmenter, et sur celui dont en définitif, nous avons l'espérance d'être dégrevés; je présenterai donc les impôts directs tels que je les ai énoncés page 41 de mon ouvrage, sur les

Recettes et les Dépenses de la France , et tels qu'ils furent déterminés par la loi du 23 septembre 1814.

Principal de la contribution foncière. . .	172,132,000 fr.
Contribution mobilière.	27,289,000
Portes et fenêtres. . •	12,892,000
Patentes.	15,416,000
	227,729,000

Pour ne pas être accusé d'exagération , je porterai en déduction , comme on le fit dans la loi pour les dépenses de 1815 , pour frais , pertes et non-valeurs   9,499,500

Somme égale à celle énoncée dans le compte de 1816 , pour le principal des contributions directes à faire verser au trésor. .   218,229,500

A cette somme il faut ajouter celle relative aux centimes additionnels, *dont la plus grande partie doit avoir pour destination, des dépenses utiles , et d'une nécessité indispensable pour les départemens.*

Ces centimes s'élèvent, savoir :

Sur la contribution fon— cière	86,066,000 f.	
Personnelle et mobilière.	13,644,500	101,770,500
Portes et fenêtres. . . .	1,289,000	
Patentes.	771,000	

Somme égale à celle énoncée au compte du Ministre •   320,000,000

Fidèle aux principes que j'ai si souvent énoncés, relativement aux centimes additionnels , je suis toujours persuadé qu'il est contraire à tout esprit de justice, d'imposer les centimes additionnels, *par une mesure générale*, qu'ils ne peuvent être établis *que d'après les besoins de chaque département, et qu'ils ne doivent pas en être distraits pour être versés à la Trésorerie.*

L'édit de 1776 que j'invoquerai sans cesse , à l'appui de mon opinion, trace la conduite que nous devons tenir à cet égard.

Mais à cause de l'urgence des besoins , on peut maintenir, pour être versée au trésor public , la *perception extraordinaire*

des centimes additionnels, tels qu'ils furent arrêtés l'année
dernière, et qui, sur la somme de. . . . . . 101,770,500 fr.

Se sont élevés à. 31,907,600

On pourrait encore verser
au trésor public, sur les centimes ordinaires, la somme
destinée à acquitter les dépenses de l'ordre judiciaire,
au civil, et que je remplace
par d'autres recettes, ci . . 11,000,000

} 42,907,600

Restera donc pour les centimes des dépar-
temens. 58,962,900

D'après ce calcul et les sommes que j'ai ci-dessus énoncées,
la part revenant au trésor public sur les contributions directes,
serait de . . . . 218,229,500 f.

Sur les centimes addi-
tionnels ordinaires et extraordinaires 42,907,600

} 261,137,100

Les centimes additionnels ordinaires pour
les départemens s'élèveraient à. 58,862,900

Somme égale à celle énoncée au compte du
Ministre. 320,000,000

Il me semble qu'en présentant la somme de l'impôt à acquitter par les contributions directes, il y a un grand avantage à
entrer dans ces sortes de détails, parce qu'ils démontrent que
lorsque les dépenses extraordinaires seront acquittées, *nous
aurons la consolante perspective de la diminution dans les impôts directs*, et prélevés en centimes additionnels d'une somme
de. . . . . 42,907,600 fr.

L'impôt foncier s'élève au principal d'après la somme ci-
dessus énoncée, à. 172,132,000

Si j'avais pu me procurer les renseignemens nécessaires,
j'aurais déduit de cette somme la part de l'impôt concernant les
maisons d'habitation des villes, il m'eût été alors facile d'établir
qu'elle est celle concernant les biens ruraux, et cela pour faire
beaucoup mieux ressortir les motifs qui doivent nous engager
à prendre, relativement à la contribution foncière rurale, une
détermination prompte et définitive, propre à la mettre, à l'a-
venir, à l'abri de toute atteinte, de rassurer ainsi les proprié-
taires et de voir élever à leur vraie valeur le prix des immeubles.

Le seul moyen d'y parvenir, c'est de se décider *pour la fixité de l'impôt foncier, pendant une longue période d'années*; tant que nous différerons d'adopter une aussi utile mesure, nous serons continuellement exposés aux justes reproches que nous fait l'étranger, sur la négligence apportée à l'amélioration de notre agriculture, alors que cette première source de la richesse d'un état devrait être élevée, parmi nous, au dégré de prospérité auquel semblent nous inviter, et que nous promettent la beauté du climat, la fertilité du sol, et l'industrieuse activité de ses habitans (1).

« Le mode de la fixité de l'impôt, dit-on *froidement*, est sans doute très-utile, mais ce n'est pas le moment de le réaliser ».

On tenait ce langage en 1814, et dans les années antérieures, époques où je n'ai cessé de présenter une amélioration si importante à introduire parmi nous. Mais, par une fatalité inconcevable, il semble qu'en France, *le bien doive être sans cesse ajourné*, et qu'il n'y ait que le mal qu'on se soit empressé de réaliser avec une effroyable activité. Quant à moi, je ne le céderai jamais à mes contradicteurs, sur cette matière; car je soutiendrai toujours qu'il *n'y a aucun motif raisonnable*, dans quelque position que soit un état, pour faire différer, *d'un seul instant*, l'adoption d'un procédé aussi utile, puisque, par l'amélioration réelle qu'il procurera à l'agriculture, il fera éprouver *une grande diminution à l'impôt foncier, et qu'il le répartira*, en quelque sorte, *plus également*; cette mesure qui aurait dû déjà appartenir à la première année de la restauration, cette mesure transmettant à la postérité l'époque heureuse où elle aura été adoptée, sera le motif d'une éternelle reconnaissance envers le monarque et la législature qui auront procuré à la France de

---

(1) Les centimes additionnels extraordinaires, que s'imposent voontairement les département ne peuvent pas être considérés, précisément, comme des augmentations à l'impôt foncier, puisque ces perceptions *ne sont qu'accidentelles*, qu'elles ont pour destination des objets *d'une nécessité générale et particulière aux départemens*, notamment pour les routes qui, par la facilité des communications, augmentent la valeur des propriétés, et diminuent les frais de transport; mais quels que soient les divers besoins des départemens à cet égard, ainsi que les dépenses extraordinaires que ces centimes acquittent, et qui diminuent à mesure qu'on parvient à achever ces améliorations importantes; quels que soient enfin ces besoins, ils ne doivent pas faire rejetter ni ajourner la mesure de la fixité de l'impôt foncier qui, je le répète, peut à elle seule, prodiguer les plus grands avantages.

si grands bienfaits. Nous obtiendrons enfin de cette mesure des avantages bien plus considérables encore que ceux qu'elle a produits en Angleterre depuis qu'elle y a été adoptée. Les économistes de ce pays lui attribuent une partie des progrès que l'agriculture y a faits.

CONTRIBUTION

MOBILIÈRE ET PERSONNELLE.

Dans des momens pressans, ces contributions sont les seules, quant aux impôts directs, qu'il soit possible d'augmenter ; et ce surcroît de recette est préférable à *toute augmentation sur l'impôt foncier*, ainsi que sur la part *de l'impôt direct supporté par le commerce, au moyen de la patente*. Par l'augmentation de la contribution mobilière, on ne diminue pas la valeur de la propriété, comme par une addition quelconque à la contribution foncière, addition qu'on ne peut considérer que comme un genre *d'expropriation forcée*. L'augmentation de la contribution mobilière, au contraire, est supportée *indistinctement* par toutes les classes de la société, l'homme peu fortuné paye peu, parce qu'il est imposé à une faible taxe ; l'homme aisé, le capitaliste, au contraire, payent en raison de leur fortune, et *c'est un des meilleurs moyens de les atteindre* ; enfin, la perception de cet impôt est facile, et il entraîne très-peu de frais ; d'après ces considérations, je ne vois pas un grand inconvénient à augmenter de 25 pour 100 le principal de la contribution mobilière et personnelle ; dès-lors elle s'élèverait, tant en principal qu'en centimes additionnels, à . . . . 47,154,750 fr.

C'est-à-dire à : 5,654,750

De plus que le montant de la capitation que ces impôts représentent, à laquelle nous étions imposés avant la révolution, et qui se portait à. 41,500,000

RÉGIE

DE L'ENREGISTREMENT.

D'après la page 192 du projet de loi, les droits perçus par cette régie sont présumés devoir produire à la trésorerie, en 1816, savoir :

Enregistrement, timbre et domaines. . . 136,000,000
Bois. 20,000,000

Total 156,000,000

D'autre part . . . .   156,000,000 fr.

J'ai porté ce revenu, page 43 de mon ouvrage , savoir :

Enregistrement et timbre 108,000,000 f. }
Bois . . . .   12,000,000 }   120,000,000

J'ai donc donné une moindre évaluation à
ces produits que celle énoncée dans la loi
proposée d'une somme de   36,000,000

Je présenterai sur ces droits les mêmes renseignemens dé-
taillés que j'ai donnés pour les contributions directes et, par
ce moyen, il sera facile de déterminer *les parties de ces recettes
susceptibles d'éprouver des améliorations*; elles consistent, d'après
les lois existantes, savoir :

Actes civils . . . . 52,500,000 f. }
Actes sous signatures pri-
vées . . . .   4,000,000 }
Actes judiciaires . . . . .   7,300,000 }   85,800,000
Actes d'huissiers . . . . .   5,000,000 }
Successions . . . . 17,000,000 }

T I M B R E.

Proportionnel . . . .   2,500,000 }
De dimension . . . . 15,400,000 }   18,815,000
Journaux et affiches . . .   915,000 }
Droits de greffes   4,200,000
Hypothèques   6,100,000
Amendes   1,700,000
Passeports . . . .   760,000 }
Permis de port d'armes . .   430,000 }   1,190,000

____

117,805,000

Ainsi donc , sans y comprendre les bois,
l'augmentation proposée par la loi produirait
en plus une somme de   18,195,500

Somme égale à celle énoncée page 192 du
projet de loi   136,000,500

En l'année 1814 , le gouvernement fit exprimer par l'organe
du ministère , le désir de faire éprouver des améliorations aux
droits d'enregistrement , et nous entendîmes le Ministre des
Finances dire à la tribune de MM. les Députés «Que ces droits

avaient besoin d'être revus, que plusieurs sont exagérés, *et conséquemment éludés* ; que le travail qu'exige cette opération le forçait de remettre à cette année les améliorations dont il entrevoyait la possibilité. »

Nous aimons à penser que le ministère a éprouvé le plus vif regret d'être forcé, à cause de l'urgence des besoins, de ne pas tenir aujourd'hui le même langage qu'en 1814, puisqu'une partie des moyens proposés ne fera qu'ajouter aux recettes, sans faire éprouver la moindre amélioration *à la plus grande partie des taxes existantes*. Ainsi donc les vices et les reproches qu'on est fondé de faire au tarif actuel, ne feront que prolonger, qu'aggraver même le malheur des familles, sans leur donner aucune lueur d'espérance pour l'avenir.

M'étant livré d'une manière toute particulière, à la discussion de ces droits, je crois que les mesures que je soumets à la sagesse du gouvernement et à la méditation des membres de la législature, sont préférables à celles énoncées aux articles 28, 29 et 30 du projet de loi, puisque, d'après mes principes, elles seraient conformes aux *intentions* bienfaisantes du Monarque, manifestées, notamment à cet égard, en 1814, *qu'elles rempliraient les vœux des administrés* et qu'elles ajouteraient, en même tems, aux produits.

L'article 28 de la loi projettée est relatif aux actes judiciaires qui seraient assujétis à l'avenir à la formalité de l'enregistrement, dont les greffiers des tribunaux seraient responsables.

J'ai discuté cette question dans mon ouvrage ; mais au lieu de retirer un revenu public de ces droits, *je les destine à l'acquit des frais de justice au civil.* Par ce procédé bien naturel, *puisqu'il est juste d'acquitter la dépense que l'on occasionne,* je donne l'espoir aux contribuables de se voir dégrévés de 11 millions de centimes additionnels auxquels ils sont imposés aujourd'hui, pour cet objet ; *on n'en exigerait ces mêmes centimes que pendant la durée des dépenses extraordinaires,* auxquelles ils seraient destinés ; en adoptant de telles mesures, on paraît offrir la perspective d'une diminution, à l'avenir, de nos charges publiques, et ce parti me paraît préférable à la mesure proposée par l'article 28 de la loi sur les finances.

L'article 29 de la loi est relatif aux droits de mutation, par décès en ligne directe, des biens immeubles. La taxe qui y est énoncée, est fixée à la même quotité que celle portée au paragraphe 6 de la loi du 22 frimaire an 7, c'est-à-dire, que le droit de 1 fr. par 100, actuellement perçu, serait élevé à 2 fr. 50 cent. Cet article excepte encore les donations faites par contrat de mariage aux futurs, auxquels on ne pourra pas appliquer les avantages que leur donne la loi du 22 frimaire ci-dessus citée, etc.

La seule urgence des besoins *peut faire maintenir une partie* de ce genre de perception, blâmé par tous les économistes. Je croirais qu'il ne serait pas indifférent, lorsque nos dépenses extraordinaires auraient cessé, de faire concevoir aux familles l'espérance d'être soulagées, à l'avenir, d'un droit qu'avec raison les publicistes accusent de *barbarie* ; mais en attendant cette époque, qui n'est pas très-éloignée, pourquoi n'amanderait-on pas la loi *existante*, en ne faisant percevoir les droits que sur le net d'une succession, *et non pas sur le produit brut ?*

N'y a-t-il donc pas d'autres améliorations *importantes* à faire éprouver aux droits d'enregistrement que celles énoncées dans le projet de loi que je discute, ou que je compare à mes données ? Je crois devoir rappeler très-succinctement, à cet égard, les détails dans lesquels je suis entré dans mon ouvrage, depuis la page 44 jusqu'à la page 57.

Les droits de mutation d'immeubles devraient être réduits à 3 pour 100 au lieu de 4. *Comme on n'aurait plus d'intérêt à les éluder*, ils donneraient de bien plus forts produits que dans ce moment.

Les acquisitions sur déclaration de command, devraient avoir le même délai qu'en 1788 ; il se ferait beaucoup d'actes de cette nature qui n'ont pas lieu, et qui ajouteraient au produit de l'impôt.

Les ventes à réméré seraient encore dans le cas d'être favorisées par une diminution de droits, cet adoucissement multiplierait considérablement les actes de cette nature qui sont aujourd'hui très-rares.

Il en est de même des emprunt à terme dont le droit ne devrait être perçu *qu'en raison du délai que le prêteur accorde à l'emprunteur.*

On ne devrait assujétir le bilan d'un failli *qu'à un impôt fixe*, et non à un droit proportionnel, comme dans ce moment, *ce qui est injuste, puisque c'est imposer le malheur.*

On devrait faire jouir les billets du commerce, de la même faveur que les lettres-de-change, et ils ne seraient pas ainsi assujétis, lors du protêt, à un enregistrement proportionné à la somme qu'ils énoncent.

La taxe sur les baux et marchés ne devrait être perçue qu'annuellement, *pendant la durée du bail*, ce qui préviendrait des injustices *et empêcherait, en même temps, qu'on éludât la loi.*

Si l'on passe aux droits fixes du tarif, on trouvera qu'il est de toute justice de rectifier le droit établi sur *une acceptation*

de succession, et qui est cependant le même *que sur une répu-
diation*, cette identité est d'une *bizarrerie inconcevable*, quoique
l'acceptation soit ensuite assujétie à un droit proportionnel.

Les procurations passées par-devant notaires, ou les actes
sous seing-privés, sont taxés, dans ce moment, à un franc
d'enregistrement ; à l'exception des pouvoirs pour se présenter
devant les juges de paix, je ne vois aucun inconvénient à élever à cinquante centimes, ou à un franc de plus, le droit établi sur ces sortes d'actes.

Le paragraphe 3 de la loi existante sur les droits fixes du droit
d'enregistrement, porte que : « Les contrats de mariage qui
ne contiennent d'autres dispositions de la part des époux que
ce qu'ils apportent eux-mêmes en mariage, et se constituent
sans aucune stipulation avantageuse entr'eux, ne sont assujétis
qu'au droit fixe de 3 fr. »

Ce droit ne devrait être maintenu que pour les contrats de
mariage dans lesquels la valeur de ce que les époux se constituent ne dépasserait pas 500 fr. ; mais au-dessus de cette somme,
il me paraîtrait juste et utile d'élever ce droit jusqu'à 20 ou
25 francs. Se mariera-t-on moins, parce qu'on sera assujéti *à
cette* modique taxe, qui donnerait un produit annuel très-considérable ?

La prestation de serment, graduée en raison des avantages
de la place que l'on occupe, serait encore un genre de produit
qui n'est pas à dédaigner ; *et c'est peut-être une des taxes la plus
juste à établir.*

TIMBRE.

La loi proposée pour acquitter les dépenses de 1816, est
muette, relativement au papier timbré, quoique ce soit *la partie
des taxes indirectes la plus susceptible d'être améliorée, et de
donner de très-forts produits* ; il ne s'agit que de l'établir d'une
manière plus équitable qu'elle ne l'a été jusqu'à présent. Les
frais de régie de cette taxe sont peu dispendieux comparati-
vement aux produits.

Dans mon opinion, le papier timbré devrait être divisé presqu'en autant de timbres qu'il y a de sortes d'actes.

Je veux dire qu'il faudrait un timbre pour l'état civil *et qui
portât cette inscription.*

Un acte passé pardevant notaire est sujet à deux impôts ; l'un,
qui est le timbre, est fixe ; l'autre qui est l'enregistrement, est
proportionnel. Est-il juste que l'homme, par exemple, qui
marie sa fille et qui lui donne une très-faible dot, paye le même
impôt de timbre, que celui qui est prodigieusement riche et

qui constitue une dot considérable? Il en est de même de tous les actes notariés stipulant des conditions pécuniaires entre les citoyens.

Les actes sous signatures privées ne donnent au droit d'enregistrement, ainsi que je l'ai établi dans l'état ci-dessus énoncé, qu'une somme de. . . . . 4,000,000 fr.

Cette modicité de produit résulte de ce qu'on *élude continuellement cet impôt*, et qu'on s'expose trop souvent à des amendes. On remédierait facilement à cette violation de la loi, en établissant un papier proportionnel, *uniquement destiné aux actes sous signature privée, et en prononçant la nullité de ces actes, s'ils étaient transcrits sur un papier non-timbré*. Ce parti me paraît préférable à celui de l'amende, parce que personne ne voudrait s'exposer à une nullité; ce genre de taxe donnerait de bien plus forts produits que dans ce moment; on éviterait ainsi à l'administration la nécessité de faire des recherches et de prononcer des amendes contre les citoyens qui violent la loi, *généralement parlant, il est utile, pour un état, d'organiser l'impôt avec des formes telles, qu'on ne cherche pas à l'éluder*.

Le produit des amendes qu'on a vu ne se porter qu'à 1,700,000 fr., est loin d'être un dédommagement pour le trésor public, des sommes qui lui seraient versées, si le payement de l'impôt était moins fréquemment éludé.

Ce que je dis à ce sujet peut s'appliquer aux baux à loyer, ou à ferme; un papier timbré devrait être établi pour ces sortes d'actes, et un propriétaire ne pourrait pas poursuivre ses locataires ou fermiers, si, devant le juge de paix, il n'exhibait pas un tel acte. Cette simple mesure ajouterait des sommes considérables au produit.

Il serait encore utile d'établir un timbre destiné à l'ordre judiciaire, et dont on pourrait augmenter le prix.

Le réglement qu'il serait facile de faire relativement au papier timbré et dont je donne l'aperçu dans mon ouvrage, serait déterminé de manière que cette taxe, *sans être trop onéreuse aux contribuables, donnât de forts produits*, et que sa distribution fût beaucoup plus conforme aux vrais principes qu'elle ne l'est par le mode actuellement existant.

La loi du 13 brumaire an 7, sur le timbre, ne laisse à désirer que les améliorations que je soumets à la sagesse du gouvernement. Il suffit de lire les dispositions qu'elle renferme pour se convaincre combien elle est continuellement éludée. Si à la stricte exécution de cette loi on ajoute l'augmentation du timbre, dont je viens de donner l'aperçu, je suis per-

suádé que les recettes actuelles, dáns cette pärtie ; pourraient
s'élever à 15 ou 18 millions de plus que dans ce moment (1).

En supposant que l'augmentation du droit sur les actes judiciaires, telle qu'elle est énoncée dans le projet de loi, puisse
remplacer la taxe que j'ai proposée dans mon ouvrage, pour
être appliquée aux frais de la justice civile, en supposant
encore l'augmentation qu'on croit pouvoir obtenir des droits
de succession, les droits à percevoir par la régie de l'enregistrement, ainsi que le produit des bois,
donneraient . . . . 156,000,000 fr.

Les améliorations à faire éprouver aux
droits existans, que je regarde préférables
aux augmentations proposées par le projet
de loi, pourraient donner au moins les mêmes
produits.

L'augmentation qui résulterait d'une meilleure et *plus juste répartition* du timbre, et
dont je viens de donner le simple aperçu,
s'éleverait au moins à. 15,000,000
____
171,000,000

C'est en donnant ainsi de justes interprétations aux lois con-

____

(1) Depuis que j'ai publié mon ouvrage, des explications m'ont été
demandées par beaucoup d'hommes qui désirent voir réaliser le bien,
et même par des employés très-instruits du droit d'enregistrement ; dans
ce nombre, et je le dis avec la plus grande franchise, je n'ai trouvé
personne qui ne m'ait assuré qu'il serait à désirer qu'on ne différât pas
à réaliser les améliorations que je propose de faire éprouver au tarif du
droit d'enregistrement ; outre qu'il satisferait tous les contribuables,
dit-on, il donnerait de plus forts produits que dans ce moment.
L'article du timbre surtout les a satisfaits ; puisque cette taxe, disent
encore les hommes instruits dans cette partie, *pourrait être organisée
sous peu de jours*, qu'il faudrait *tré-peu de frais pour l'établir*, ainsi que
pour la percevoir, qu'elle n'exposera ni à des procès-verbaux, ni à des
saisies, ni à des confiscations, ni à des amendes, ni à des réclamations,
que d'un autre côté, par son extrême division, sa perception est insensible, qu'elle est supportée par ceux qui peuvent le mieux l'acquitter, qu'elle donnera enfin de très-forts produits. Persuadées des avantages qui résulteraient de ces mesures, les personnes dont je cite ici
l'opinion, m'ont excité à donner des suites à ces propositions. Je crois
donc ajouter à tous les devoirs que je me suis imposés, en fixant d'une
manière toute particulière, l'attention du ministère sur une de nos
recettes les plus importantes. Ces améliorations seront en définitif
réalisées et pourquoi renverrions-nous à d'autres tems ce que nous pouvons faire aujourd'hui.

'cernant l'impôt ; c'est en les améliorant par les moyens que
j'ai cru devoir proposer ; c'est en ne s'écartant jamais des vrais
principes, qui doivent déterminer l'établissement des taxes,
qu'on parvient à les rendre plus productives quoique moins
onéreuses, et que les peuples convaincus qu'on ne leur demande que ce qu'ils peuvent réellement payer, se soumettent
à l'impôt, et s'empressent de l'acquitter.

DOUANES.

D'après l'expérience faite en 1815, de la perception des
droits de douane, sur le tarif arrêté en 1814, on peut pré-
sumer que cette branche de revenu s'élè-
vera à. . . . . 30,000,000 fr.

Nous voyons page 192 du projet de loi,
que par les augmentations proposées, ce produit pourra s'élever à . . . . . 40,000,000 f.

C'est-à-dire à. 10,000,000
de plus qu'en 1815. . . . . ________________

Somme égale 40,000,000

Mais cette augmentation doit-elle être perçue *à la frontière
du royaume?* C'est ce que je ne pense pas, et cela à cause
de la fraude sur laquelle les contrebandiers *fondent leurs espérances.* Je sais, *à ne pas en douter*, qu'à la lecture de la
loi ils ont éprouvé *la plus grande satisfaction*, puisque les
droits avenir leur présentaient *un appât considérable de béné-
fice.* Je renverrai donc la perception de l'augmentation proposée, *qui est très-bonne elle-même*, à un autre article de
cette discussion, et je me bornerai à insister, dans ce moment, à ce que le tarif existant soit maintenu à la frontière.

SELS.

Cette partie des revenus publics n'est portée, dans le compte
du Ministre des Finances, que pour un faible
produit de. . . . . 35,000,000 fr.

C'est-à-dire à la somme énoncée, page 10, de la loi du 23
septembre 1814.

La modicité de ce produit a d'autant plus lieu de nous sur-
prendre, qu'il établit, par individu, une moindre consommation que celle qui avait lieu *à l'époque de la ferme générale*, et
dont le terme moyen était de 15 livres, plus la consommation
du sel entré en contrebande.

Le compte de 1812 n'ayant établi qu'à 2 sous la livre, la taxe sur le sel marin et le sel de fabrique,
avait produit. . . . . 47,119,541 fr.

D'après ce simple aperçu, je ne saurais jamais croire qu'à 15 cent. la livre, cette taxe
ne doive produire que. 35,000,000

Les bornes que je dois ici me prescrire, ne me permettant pas de rappeler les détails où je suis entré, depuis la page 65 jusqu'à la page 87 de mon ouvrage, et par lesquels je démontre *que, d'après la consommation réelle qui se fait de cette denrée*, le sel doit au moins produire ci. . 70,000,000 fr.

Le peuple *acquitte réellement l'impôt sur le sel*, il est donc d'un intérêt général de le faire percevoir de manière à ce que son produit entre *intégrallement* au trésor de l'Etat. Les mesures que je propose pour que cet impôt soit acquitté aux entrepôts qui seraient organisés dans l'intérieur, sont les seuls moyens que l'on puisse adopter pour acquérir la *connuissance bien positive de la quantité de consommation de cette denrée, et qui a toujours été ignorée, même lors de l'existence de la ferme générale.*

Je suis persuadé que par ces mesures, l'impôt sur le sel donnera *de si forts produits*, que le ROI aura la satisfaction de le faire réduire et de le borner au taux originaire de sa création, qui fut à 2 sous.

Ne croit-on pas devoir faire usage de ce moyen? Il s'en présente un second très-propre à prévenir une partie de la fraude, beaucoup trop considérable, qui se commet sur le sel. Il suffirait de changer, ainsi que j'en renouvelle la proposition, page 86 de mon opinion, les articles 1 et 7 du décret du 11 juin 1806.

« La surveillance des préposés des douanes et des droits réunis porte : l'article 1er. ne s'exercera, pour la perception de la taxe sur les sels, que jusqu'à la distance de trois lieues des marais salans, fabrique de salines, situés sur les côtes des frontières, ou dans les trois lieues de rayon des fabriques des salines de l'intérieur ; la ligne de démarcation sera déterminée comme celle des douanes. «

Article 7. » Les sels transportés dans l'étendue des trois lieues soumises à la surveillance des préposés, sans être accompagnés d'un acquit à caution, seront saisis et confisqués. »

Que résulte-t-il de ces deux articles? C'est qu'échapés à la surveillance des douaniers, les sels peuvent être vendus aux consommateurs, sans qu'ils aient payé l'impôt, *quoique cependant ceux-ci l'acquittent au commerce,* qui est toujours sensé en avoir fait l'avance.

La page 153 du projet de loi détermine : « Les arrondissemens dans lesquels la circulation du sel sera soumise à la formalité du passavant ; » mais cette mesure qui n'est relative *qu'aux sels de fabrique*, ne renferme aucune disposition concernant le sel marin, *dont la fraude est beaucoup plus considérable que celle des sels fabriqués.* C'est d'après ces considérations que j'ai cru devoir établir que les sels transportés par bateaux sur les rivières, seraient assujétis à l'exhibition d'un acquit à caution qui se ferait au receveur établi aux bassins des rivières, et on verra, dans un moment, que j'établis des moyens de surveillance *pour les sels transportés par terre.*

Le dernier compte rendu par M. le duc de Gaëte, portant le produit du sel marin, à.   38,000,000 f.

Et celui du sel de fabrique

à. 5,600,000

} 43,600,000

Je n'exagère donc pas en élevant ce produit à la même somme, *quoique je sois persuadé*, *qu'avec un peu de surveillance*, *le sel peut rapporter bien davantage.*

CONTRIBUTIONS INDIRECTES,

OU DROITS GÉNÉRAUX.

Les différentes recettes à effectuer, au moyen des dispositions que présente la loi proposée, sont présumées devoir produire, en 1816, ainsi qu'on le voit page 192, du rapport fait par le Ministre des Finances. 110,000,000

Les réclamations qui se sont élevées de toutes les parties de la France contre la très-majeure partie des nouveaux droits proposés par cette loi, et l'administration, de son côté, par une suite du bon esprit qui l'anime, en ayant fait, en quelque sorte volontairement, le sacrifice, je suis dispensé de m'appesantir sur les inconvéniens invincibles qui seraient résultés de l'exécution de ces mesures ; mais dans cette circonstance, le gouvernement a eu la satisfaction de voir qu'on n'a pas élevé la voix *sur la quotité des sommes demandées*, mais seulement *contre les modes proposés pour les percevoir.* On a été *unanime* dans le désir de voir le trésor public en *possession des moyens de subvenir aux pressans besoins de l'état.*

Persuadé que toute innovation trop étrange et trop violente, dans la perception d'un impôt quelconque, est plus préjudiciable qu'avantageuse, je me bornerai d'abord à présenter les produits des droits perçus par la régie des taxes indirectes, tels que je les ai énoncés page 109 de mon ouvrage, et j'indiquerai

ensuite des moyens d'une facile exécution , pour suppléer au
surplus des recettes à percevoir par cette régie. Loin d'être hypo-
tétiques , les produits que j'annonce sont fondés sur les recettes
effectuées en 1813 , et énoncées page 126 du dernier compte
rendu de M. le duc de Gaëte , ou sur les améliorations que je
crois facile de faire éprouver à ces taxes : telle est la matière des
détails dans lesquels je suis entré depuis la page 87 de mon ouvrage jusqu'à la page 115. Ces droits consistent , savoir :

Droits d'entrée des liquides.		10,584,272 fr.
Abonnemens des aubergistes, cabaretiers, brasseurs, et distillateurs, distraction faite de la bonification des dix pour cent au profit de ceux qui s'abonneront. . . 63,785,519 f.	}	66,974,899
Le vingtième sur cette somme représentant le montant des li- cences (1) 3,189,280		
Dix pour cent des octrois		3,678,920
Timbre.		2,384,414
Dixième du prix de transport des marchan- dises . . . . . . , ... 585,971 f.	}	2,417,665
Voitures publiques 1,831,694		
Droit de garantie.		890,864
Droit sur les cartes		521,046
Canaux. , ...		585,070
Produits de la pêche et des francs-bords . .		39,621
Cinq pour cent des octrois		88,577
Papier filigrané.		57,407
Décimes de guerre		1,305,335

DROITS SPÉCIAUX.

Navigation intérieure . . . 2,837,071 f.	}	
Navigation du Rhin. 68,331		
Bacs et bateaux 806,011		
Peages et passages de ponts et écluses. 201,551		4,742,,867
Décimes additionnels pour les ponts de Cubsac et Bor- deaux. 829,903		

94,270,957

---

(1) On pourrait donner en France beaucoup plus d'extension à ce
genre d'impôt qui serait très-productif. Les anglais en retirent les plus
grands avantages.

$$D'autre\ part\ \ldots\ldots\quad 94{,}270{,}957\ \text{fr.}$$

A distraire de cette somme le dixième pour
frais de régie; (et ce sera beaucoup si on
adopte les divers modes de perception dont
j'ai parlé)   9,447,100

Produit net.   84,823,857

La portion la plus essentielle de ces droits est celle concernant les liquides, et qui, à cause *des exercices*, a excité, *de tous les temps*, de très-fortes réclamations. Je me réunis d'opinion en 1814, à beaucoup d'hommes instruits, qui présentèrent les moyens de remplir les intentions manifestées par le Roi, dès l'instant qu'il fut rendu à nos vœux, pour que cet impôt fut perçu de la manière *la plus supportable possible* : j'ai donné de grands et nouveaux développemens à cette question dans l'ouvrage que j'ai déjà cité.

Cette année l'administration animée des meilleures vues, propose, *comme nous l'avions fait en 1814, le mode des abonnemens;* mais il me semble que le paragraphe 3 ne donne pas des moyens suffisans pour parvenir *à un aussi heureux résultat.* Au lieu d'autoriser les débitans à payer, *par abonnement*, l'équivalant des droits de détails, *dont ils seraient estimés passibles*, ils eût été préférable, ce me semble, d'adopter une mesure générale pour tous les débitans, et qui eût été fondée *sur le terme moyen de ce qu'ils auraient acquitté pendant cinq ou six années consécutives.* Cette mesure ne prêtant à aucune arbitraire, ni à aucune injustice, aurait pu être généralisée par son application *à tous les fabricans de liquides.* Je suis convaincu que tous les débitans et fabricans *s'empresseraient de s'abonner*, et que, par ce moyen, *le gouvernement aurait la satisfaction de voir verser au trésor, cette branche de revenu public, d'une manière conforme à ses désirs et aux vœux de la masse des habitans.* Tous les droits perçus dans ce moment-ci par la régie, seraient maintenus tels que je les ai indiqués.

Taxe d'entretien.

Le titre 9 de la loi proposée, établissant des droits sur le transport des marchandises par terre et par eau, a excité beaucoup de réclamations *fondées*, que l'administration a appréciées dans sa sagesse.

Les besoins publics sont cependant tels, qu'on ne peut pas

se dispenser de créer de nouveaux droits ; et je pense que celui de la taxe d'entretien , perçu *avec les formes que j'ai indiquées ,* depuis la page 204 jusqu'à la page 208 de mon ouvrage . *serait préférable au mode proposé* , puisqu'en donnant de forts produits cette taxe gênerait beaucoup moins le commerce , et qu'alors cet impôt serait reçu avec reconnaissance ; il pourrait produire. 12,000,000

Une taxe d'entretien , *bien combinée , est très-bonne en elle-même* , car rien n'est aussi juste *que de réparer ce qu'on dégrade.* Mais en la rétablissant , il conviendrait . lorsque les circonstances le permettront , de *dégrever la contribution foncière de la somme que rapportera le rétablissement de la taxe d'entretien.*

Une semblable taxe existe en Angleterre , ainsi que dans beaucoup de pays du nord de l'Europe. Les avantages qu'elle leur procure doivent nous déterminer à adopter ce mode de perception , qui nous serait tout au moins aussi avantageux ; et comme , dans ces contrées , cette taxe ne porte aucune atteinte à l'industrie ni au commerce , qu'elle ne leur occasionne aucun retard , on conçoit difficilement qu'on n'ait pas recours en France à cette branche de ressource , surtout lorsqu'il est si possible d'adopter des formes plus douces que celles établies dans l'étranger , et que celles dont nous avons vu faire usage parmi nous.

Octrois.

La perception des octrois m'a paru si utile que j'ai cru devoir entrer dans les plus grands développemens pour faire connaître ce genre de recettes ; il serait très-facile de se convaincre de son importance par les pages 188 et 201 de mon ouvrage. J'y établis , *qu'en diminuant les droits d'octrois actuellement existans, et qui renchérissent beaucoup trop les objets de première nécessité,* on pourrait donner la plus grande extension à la matière imposable , et en obtenir , pour le trésor public , une somme de. . . . . 36,000,000 fr.

Le commerce est convenu de subvenir à une partie des besoins extraordinaires de l'état ; mais en se résignant à ce sacrifice , il entend , avec raison , n'en faire que l'avance , et en être remboursé par le comsommateur , ce qui est de toute justice.

Il est reconnu , par tous les meilleurs économistes , que les impôts indirects *doivent être acquittés aux époques les plus rapprochées de la consommation. D'après ce principe, leur prélève-*

ment à l'entrée des villes me paraît le procédé le plus simple et le plus économique que l'on puisse adopter. Ces impots existaient, en partie, avant la révolution, ainsi que je l'ai démontré ; j'ai encore prouvé qu'ils avaient été d'une très-grande ressource *dans d'autres circonstances*, et je ne verrais aucun inconvénient à les rétablir, puisque leur perception *étant extrêmement divisée serait presqu'insensible* (1).

Je prendrai pour point de comparaison la médiocre quantité d'objets soumis aux droits d'octrois perçus aux entrées de Paris. d'après l'ordonnance du Roi du 21 decembre 1815, ils se bornent *à six articles*, ayant chacun leur division, savoir : les boissons, les comestibles en viande, les combustibles, les fourrages, les matériaux, les bois de construction. Ces objets étant imposés ensemble à une somme qui, sans y comprendre la part des droits réunis, s'élèvent à environ. . . . . 16,000,000 fr., doivent nécessairement être très-enchéris. Cette seule citation doit suffire pour démontrer que si on donnait beaucoup plus d'extension à la matière imposable, la perception serait conforme aux vrais principes, et *que la consommation des objets actuellement imposés serait beaucoup plus considérable par la diminution des prix*, ce qui encouragerait la reproduction.

La taxe d'entretien, dont je viens de parler, ainsi que les droits d'octrois, me sembleraient plus que suffisans pour remplacer les recettes présumées, par les moyens proposés dans le projet de loi sur les Finances, et qui consistent dans le droit de circulation des liquides, dans ceux relatifs aux marchands de vin en gros, dans ceux sur les cartes, sur la marque des fers, sur celle des cuirs et peaux, sur celle des papiers, sur celle de la fabrication des huiles, sur celle des draps, et toiles sur les droits et transport des marchandises et enfin sur l'augmentation des douanes.

En résumant tout ces produits, je trouve que les droits énoncés page 16, de ces observations, peuvent produire au trésor public d'après les perceptions actuelles . . . . 84,823,857 fr.

La taxe d'entretien. 12,000,000

Les droits d'octrois. 36,000,000
____

132,823,857

____

(1) Vide à la fin, l'aperçu d'un projet d'octroi, d'après la consommation de la capitale.

Ci-contre. . . . . . . 132,823,857 fr.

On a vu , ainsi que je l'ai déjà rappprté ,
que les droits généraux devaient produire ,
d'après la somme énoncée page 192 du rapport du Ministre. . , ... 110,000,000 f.)

Plus, l'augmentation des
droits de douanes sur le   } 120,000,000 .
tarif de 1814 . . . . 10,000,000)

Les perceptions dans les détails desquelles
je viens d'entrer, *sans entraîner le moindre
embarras, ni la moindre gêne au commerce, sans occasionner des frais trop considérables de régie* qu'il est utile d'éviter, ces
perceptions donneraient donc de plus que la
somme proposée par la loi sur les Finances. .   12,823,857
Somme égale à mes calculs   132,823,857

TABACS.

Le tabac est énoncé dans le compte rendu comme ne devant
produire que. . . . . 37,000,000 fr.

Les détails dans lesquels je suis entré depuis la page 115 jusqu'à la page 164 de mon ouvrage , démontrent l'importance que
nous devons attacher à une aussi utile branche de revenu public. On ne saurait disconvenir que la consommation , même
d'après les comptes rendus, est au moins de deux tiers plus considérable qu'avant la révolution ; il est donc naturel de penser
que le tabac étant à un prix plus élevé qu'en 1789, ses produits
doivent augmenter ; enfin mes calculs, à cet égard, sont positifs
puisqu'ils sont extraits des comptes rendus.

Quoique je sois persuadé qu'en administrant beaucoup mieux
cette partie , en améliorant la fabrication des tabacs *et en réduisant les prix à ceux antérieurs à* 1789, cette branche de revenu puisse produire au moins 58 millons, je ne la porterai
néanmoins que pour. . . . . 40,000,000 fr.

OBSERVATIONS.

Il me semble qu'il résultera un très-grand produit, en général, des impôts indirects, en les percevant de la manière
que je les ai établis dans mon ouvrage , parce que *la recette
d'une taxe pourra contrôler la recette d'un autre impôt*, je
m'explique.

Je suppose des voitures entrant par les frontières désignées àrticle 19, page 164 de la loi sur les douanes, et chargées de marchandises assujetties aux droits d'entrée, où des voitures circulant et chargées de sel et de tabac etc. : au moyen de l'organisation de la taxe d'entretien, les voituriers seraient tenus d'exhiber aux préposés à cette recette leur acquit à caution du paiement des droits, à défaut de cette exhibition, il serait facile de les arrêter *sans avoir besoin de faire des frais de garde* etc., *ce qui serait très-économique.*

Les droits d'entrée des villes deviendraient encore *uu surcroît de contrôle*, au moyen duquel il serait presqu'impossible que les taxes établies sur les denrées coloniales, les objets manufacturés venant de l'étranger, les sels et les tabacs etc., fussent fraudés ; en adoptant ces mesures on multiplierait les embarras du contrebandier et les sacrifices qu'il serait obligé de faire, surpasseraient les bénéfices que lui produirait la fraude des impôts. Ces procédés sont si simples que je ne prévois pas les motifs qui pourraient les faire rejetter, puisque, *sans ajouter au frais*, et en les économisant même, ils peuvent faire verser au trésor l'intégrité des taxes, que les besoins publics forcent d'imposer. *Dès lors que le peuple paye les impôts par la consommation*, il est juste, il est eminemment utile, *je le dirai sans cesse*, de prendre des moyens pour qu'ils ne soient pas fraudés ; c'est ainsi qu'on évite les surcharges et qu'on inspire la confiance.

LOTERIES.

Les produits de la loterie sont portés dans les comptes du Ministre pour une somme de. . . . . 7,000,000 fr.

Comme je n'attache pas un grand intérêt à cette branche de revenu, et qu'il serait à désirer que nous puissions réaliser, *pour sa suppression*, les vœu de l'ancienne administration de la France, je n'évaluerai cette recette qu'à. . . . 6,00,000 fr.

POSTE AUX LETTRES.

Quoique je sois persuadé qu'il y a une très-grande amélioration à faire dans cette branche de revenu, je ne porte le produits de la poste aux lettres qu'à la même somme énoncée dans le compte rendu ci. . . . . 14,000,000 fr.

FERME DES SALINES DE L'EST.

Je n'élevrai non plus cet objet qu'au produit énoncé au compte rendu, quoique je sois convaincu que ce fermage rapporte un milion de plus ci. . . . . 2,000,000 fr.

RECETTES DIVERSES ET ACCIDENTELLES.

Ces recettes sont enoncées au compte rendu pour un produit de. . . . . 6,000,000 fr.

Je les porterai à la même somme.

RETENUES SUR LES TRAITEMENS.

Le ministère a cru pouvoir obtenir une recette par la retenue à opérer sur les traitemens de tous les employés, et on la voit énoncée pour une somme de. . , ... 13,000,000 fr.

D'après les recettes dont j'établis la possibilité, je ne pense pas que nous ayons besoin de recourir à une retenue à laquelle l'administration n'a dû se décider qu'avec la plus grande répugnance et le plus vif regret.

ABANDON FAIT PAR LE ROI

Sur la liste civile . . . . 10,000,000 fr.

Quand on parcourt le tableau de la dépense de la maison des rois de France, et qui est énoncée page 94 du compte de 1788, on ne saurait désirer un abandon aussi considérable, trop pénible au cœur de tout véritable français, et dont je ne crois pas que le respect dû au monarque permette d'en faire un objet de revenu public.

DROIT DE MARC DOR DE GRAND ET PETIT SCEAU.

Cette branche de revenu existait, en grande, partie avant la révolution, et je suis entré dans quelques détails à ce sujet, page 201 de mon ouvrage.

De toutes les recettes à rétablir et qui avaient lieu avant cette même époque, celle désignée dans cet article de mes observations me paraît être la plus facile à percevoir, *parce qu'elle sera supportée par des individus très en état de l'acquitter, et perçue au moment où leurs desirs seront satisfaits.* Je ne l'ai portée qu'à 7,000,000, quoique je sois persuadé qu'elle doit produire une plus forte somme.

TAXE SUR LES DOMESTIQUES ET LES CHEVAUX.

J'ai encore établi, page 208 de mon ouvrage, que nous pouvions retirer une branche de revenu fort importante de l'impôt sur les domestiques et sur les chevaux, autres toutefois que ceux employés au labour, aux charrois, etc.

Je n'ai eu besoin d'invoquer, à l'appui de cette opinion, que les considérants de la loi du 3o janvier 1791, qui établi article 14, une taxe de cette nature.

Je n'ai jamais pu m'imaginer par quel motif on ne continuait pas une perception aussi justes, sous tous les rapports, puisqu'elle est, *en quelque sorte*, *volontaire*, que, par sa modicité elle est presqu'insensible, et qu'en définitif elle est acquittée par la classe de la société qui peut le mieux la supporter.

En Angleterre, ainsi que je l'ai rappelé, cet impôt s'élève à des sommes considérables. *Il est même établi sur les chevaux de labour.* Nous n'avons pas besoin de lui donner une aussi grande latitude : cette taxe pourrait produire telle que je l'ai proposée au moins. . . . . . . 10,00,000 fr.

Dès l'origine, cette cotisation fut *mal administrée*, et malgré cela, quoiqu'elle fût établie sur un pied très-modique, elle produisait au trésor environ 2,000,000. Par la progression que je crois qu'on peut lui faire éprouver, elle doit nous faire entrevoir la possibilité d'en obtenir la somme ci-dessus énoncée.

CAUTIONNEMENS.

Pour former le complément de la somme nécessaire aux dépenses de cette année, le ministère a eu recours, avec raison, aux cautionnemens, et ils sont énoncés au compte rendu pour une somme de . . . . 50,000,000.

Rien n'est aussi juste que de faire venir au secours de l'Etat les citoyens qui font une fortune avec lui, où auxquels il donne les moyens de vivre dans une grande aisance, surtout lorsque les sommes qu'on leur demande leur rapporteront un intérêt, et que ce n'est, en quelque sorte, qu'un placement de leur part.

Mais je distinguerai, dans cet article de la loi, les cautionnemens concernant les officiers ministériels, de ceux exigés des préposés à la gestion et à la perception des deniers publics: ces deux sortes de cautionnemens sont susceptibles d'une discussion particulière.

L'article 49 de la loi *fait contracter au gouvernement de grands engagemens, puisque « par la faculté qu'il donne aux héritiers des citoyens exerçant des offices ministériels, de* présenter pour les remplacer, des sujets qui réunissent les qualités exigées par les lois. » *Ces offices sont définitivement aliénés en faveur des familles.*

Le gouvernement confirme, par ce moyen, la vente qui en aura lieu à l'avenir; car ce ne sera pas *gratuitement* que des héritiers présenteront des hommes qui remplaceront les pourvus de ces places ministérilles.

Je n'entends pas traiter ici la grande question de la vénalité des offices, elle n'est au fond d'une grande importance, qu'à l'égard des citoyens nommés pour exercer des fonctions judiciaires. Je suis persuadé qu'il faut maintenir, à ce sujet, l'ordre actuellement établi, et je crois que, sur cette objet, je n'éprouverai aucune contradiction. Mais il n'en est pas de même des offices ministériels désignés dans l'article 49 du projet de loi que je discute ; on ne saurait contester *que, depuis long-temps, la vénalité de ces places existe par le fait ;* d'après cela, *aliénation* pour *oliénation*, je préférerais rétablir définitivement ces places en titres d'offices, de les faire considérer par la loi, comme biens immeubles, et par conséquent susceptibles d'être aliénés par des actes publics, en la forme que cela se pratiquait avant la révolution. Cette mesure qui sera très-utile aux familles, ainsi que je l'ai établi, page 203 de mon ouvrage, donnerait annuellement, lors des mutations, des produits considérables à la régie de l'enregistrement, à l'impôt sur le papier timbré ainsi qu'au droit de sceau.

Si j'avais pu me procurer les renseignemens nécessaires à ce sujet, je n'aurais pas été en peine, d'après *les estimations volontaires qui eurent lieu* conformément aux dispositions de l'édit de 1771 et d'après les nouvelles charges qui ont été établies depuis, de démontrer que cette seule partie devrait produire au moins 125 millions qui, répartis par cinquième pour en faciliter le payement, donneraient pour acquitter les dépenses extraordinaires, tous les cinq ans. . . . . 25,000,000 fr.

Quant aux autres emplois dont les cautionnemens sont désignés depuis la page 38 du projet de loi, jusqu'à la page 56, je crois qu'il faudrait suivre les dispositions qui y sont énoncées, à cela près seulement, que pour en faciliter le recouvrement au trésor public et nous ménager des ressources pour l'avenir, il conviendrait, peut-être, de les mettre par annuités pendant les cinq années ci-dessus désignées ; j'observerai en outre qu'il me semble qu'on aurait pu faire frapper ce genre d'emprunt sur un plus grand nombre d'employés.

OBSERVATIONS GÉNÉRALES

On entend dire trop souvent que le moment n'est pas encore venu d'adopter un grand système de finances, et qu'il faut se borner *à pourvoir à l'urgence des besoins, de l'année.*

Je réponds à cette inconcevable objection, que plus un état est obéré ; que plus on a de désastres à réparer, plus on doit se hâter de chercher les moyens de retirer de forts produits *de ses revenus ordinaires, avant de songer à recourir à de nouvelles ressources qui ne feraient qu'aggraver les charges publiques.*

Or, lorsque la fixité de la contribution foncière peut seule augmenter *les produits de l'agriculture* et diminuer, par conséquent, *la masse de l'impôt.*

Lorsque les droits d'enregistrement et de timbre, par une plus juste répartition, doivent donner de bien plus forts revenus et en remplissant, à la fois, les vœux des administrés et celui du monarque (1).

Lorsque les taxes sur le sel et le tabac (*que le peuple acquitte réellement,* quoiqu'elles ne soient pas entièrement versées au trésor public, *parce qu'elles sont fraudées*) seront mieux administrés.

Lorsqu'on fera rapporter à ces taxes tout ce qu'elles sont susceptibles de produire ; que le gouvernement aura même la satisfaction de pouvoir les modérer et de provoquer ainsi une plus forte consommation de ces denrées.

Lorsque, par des mesures simples et d'une facile exécution, on aura la faculté de contrôler *l'impôt des douanes, celui du sel et du tabac, de manière que l'intégralité de leurs produits soit versée au trésor public et que ces mesures, en détruisant la contrebande,* dispenseront l'administration de recourir à la sévérité des lois pour la faire réprimer.

Lorque les taxes régies par l'administration des droits réunis pourront être perçues d'une maniere conforme aux vœux du prince et à ceux des administrés, *en donnant, en même tems, de plus forts produits que dans le moment actuel.*

Lorsque les octrois des villes seront *mieux combinés qu'ils ne l'ont été jusqu'ici,* c'est-à-dire qu'on réduira les taxes exorbitantes mises sur les objets de première nécessité qui en sont *horriblement enchéris.*

Lorsque ces octrois, perçus au moyen *d'une grande extension à donner à la matiére imposable,* rendront l'impôt *presqu'insensible et provoqueront une bien plus forte consommation.*

Lorsque tous ces divers résultats découleront naturellement

(1) *Vide* à la fin la note A.

des nombreuses combinaisons que j'ai présentées, sur quels motifs raisonnables pourrait-on se fonder pous retarder de si importantes améliorations ?

Ces différentes mesures ne sont-elles pas préférables à celles qu'on a proposées, et qui ont causé des allarmes générales ?

L'introduction des nouveaux systèmes dans les états leur a toujours été plus préjudiciable qu'avantageuse, et nous n'en avons que trop fait la fâcheuse expérience. Aussi ai-je éloigné de ma pensée tout esprit de système, et on ne saurait donner cette dénomination, *aux améliorations dont je parle*, puisqu'en très-grande partie l'impôt est le même, qu'aucune administration n'est changée, qu'il faut très-peu de temps et *presque pas de frais*, pour réaliser les augmentations de produits qui doivent résulter de mes diverses propositions, et que tout ce que je dis est fondé sur l'expérience que j'ai acquise lorsque j'administrais.

De quelque manière qu'on veuille organiser les recettes pour 1816, il faudra toujours qu'il y ait des droits d'enregistrement, de timbre, des droits de douanes, des taxes sur le sel, le tabac, et les diverses consommations. Quel inconvénient pourrait-il donc résulter de *l'amélioration de ces divers produits*, *en adoptant les mesures que j'ai tracée,* ; puisqu'elles pourront faire verser au trésor des *sommes plus considérables que dans ce moment* et donner de telles ressources que l'année prochaine elles puissent établir des *recettes positives*, de manière à n'avoir pas à hésiter sur le mode à adopter. Ces diverses améliorations peuvent-elles nuire à un système d'impôt quelconque ? Ne doivent-elles pas, au contraire, l'affermir ? Enfin, quelle plus grande satisfaction peut éprouver l'administration d'un état, que celle d'augmenter les revenus *sans ajouter aux charges publiques.* Tel seroit cependant le résultat de mes données.

Je n'attribue qu'à de bonnes intentions la publication qu'on vient de faire de l'analyse de la législation anglaise relative *aux droits d'excise.*

La perception de ces droits y est représentée avec des mesures si rigides que je ne puis croire qu'en nous les retraçant, on ait voulu faire entendre que nous devions suivre ce système qui ne saurait être admis parmi nous, *système pire que celui adopté par nos régies*, et qui cependant excite toujours des réclamations. Ainsi donc, loin de nous la crainte de voir *introduire des moyens de perception aussi repoussans que ceux qu'établit la législation anglaise*, relativement aux droits d'excise, et qui ne sauraient être réalisés en France, *sans nous exposer aux plus grands inconvéniens.* Et pourquoi aurions-nous recours à *de*

(26)

telles imitations fiscales, lorsque nous n'en avons nul besoin , que les impôts pouvant et devant être, perçus d'une manière plus analogues à notre caractère et à nos mœurs, donneront lès produits nécessaires pour acquitter toutes les dépenses publiques.

En me livrant au travail qu'on vient de parcourir, *en répondant ainsi à l'honorable provocation que le ministère parut faire en l'année* 1814, à tous les hommes instruits, ou vraiment dévoués à la prospérité de la France et de son gouvernement, je n'ai pas cru devoir me borner à proposer des pailliatifs pour remédier aux maux du moment, et acquitter seulement les dépenses de l'année, j'ai dû songer encore à l'avenir, *et particulièrement aux engagemens contractés pour quatre autres années consécutives;* (1) c'est ce qui ma porté à proposer de grandes et importantes ressources, des ressources qui, *dans tous les tems*, puissent assurer régulièrement tous les services, et fonder ainsi la coufiance et le crédit sur des bases inébranlables.

Plusieurs personnes bien pensantes, ne réfléchissant pas assez sur le peu de temps qu'a eu le ministre actuel pour présenter le budget, ont été surprises que le compte rendu n'ait donné aucun apperçu des moyens qui puissent servir à acquitter les dépenses des années postérieures à celle-ci ; et elles ont des craintes mal fondées, sans doute, sur l'insuffisance des ressources dont on pourra faire usage pendant tout le temps qu'il faudra subvenir aux dépenses extraordinaires.

D'un autre côté , quelques individus, peu nombreux à la vérité, paraissent convaincus que si, d'une manière quelconque, nous parvenons à acquitter les charges de cette année, celles qui suivront nous mettront dans de si grands embarras qu'il nous sera impossible de les surmonter ; ils éprouvent même déjà une sorte de *satisfaction* en prévoyant l'état de gêne et d'impuissance dans lequel ils *espèrent* que nous nous trouverons. Présenter à-la-fois des moyens pour le moment actuel et pour l'avenir , c'est combattre les craintes des hommes de bien, et confondre les sinistres présages des malveillans.

Toutes les mesures que je propose sont si simples dans leur exécution, qu'elles se trouvent à la portée de tous les esprits. On ne doit donc pas les considérer *comme un de ces systèmes nou-*

____

(1) Cette conduite vient d'être érigée en principe par un ancien Ministre ; « la prévoyance du ministère des finances doit comprendre spéculativement le passé, le présent et l'avenir » Observation. sur l'écrit intitulé Examen impartial du budjet par M. le dûc de Gaëte.

veaux dont en général, il faut se méfier, mais seulement « *comme un bon arrangement des affaires publiques* » pour me servir de la bonomie des expressions d'un grand administrateur (*Colbert*).

On ne peut point me contester l'exactitude de la plus grande partie de mes calculs, puisqu'étant puisés dans les comptes rendus, ils deviennent, par conséquent, des données positives (1).

Je suis fortement convaincu que, par le résultat des mesures dans le détail desquelles je suis entré, la plus grande partie des revenus de l'état *augmenteront tellement en produit*, que, dans les années prochaines, loin d'avoir besoin d'ajouter aux charges publiques, le gouvernement se trouvera en situation de les diminuer ou de les adoucir.

Enfin les impôts indirects, *beaucoup mieux administrés qu'ils ne l'ont été jusqu'à présent*, pourront être définitivement maintenus, convertis en revenus ordinaires de l'état, ils deviendront assez productifs pour donner la facilité de réduire le principal de la contribution foncière.

De ne plus exiger d'augmentation sur la contribution mobiliaire et personnelle à laquelle je crois que l'on peut recourir, dans le moment actuel, *sans aucun inconvénient*.

De nous dégréver entièrement de l'impôt des portes et fenêtres.

De réduire 42 millions sur les centimes additionnels.

De remettre l'impôt *sur le sel* au taux de sa création et la taxe sur les tabacs aux prix antérieurs à 1789.

De supprimer le droit de déclaration des successions en ligne directe ; impôt qui ne peut point subsister sous un gouvernement juste et bienfaisant à-la-fois.

Malgré ces adoucissemens, nous pouvons donner au gouvernement les moyens nécessaires pour acquitter régulièrement toutes les dépenses qu'exigent et que comportent la dignité et la munificence d'une grande nation, comme l'est encore la France, malgré tous les désastres qu'elle a éprouvés.

Telles sont, en peu de mots, les justes et belles espérances qu'offre l'exécution des mesures que je propose de bonne foi, et avec toute la franchise dont peut être capable un Français invariablement affectionné au prince et à la patrie, et portant également dans son cœur, la gloire de l'un et la prospérité de l'autre.

______

(1) J'ai été informé par le plus grand hasard, que dans une administration, on avait vérifié une partie de mes calculs, et qu'ils avaient été trouvés très-exacts; ce qui prouve la sincérité des comptes rendus, et qu'on peut ainsi avec leurs secours connaître la véritable situation des affaires publiques, lorsqu'on se livre à la discussion d'aussi grands intérêts.

D'après le compte rendu du Ministre.

Impôts directs . . . . 320,000,000 fr.

Enregistrement et Domaines . . . . 136,000,000 f. ⎫
Bois . . . . 20,000,000 ⎬ 156,000,000

Douanes. 40,000,000
Sels 85,000,000

Droits généraux 110,000,000

Tabacs 37,000,000
Loterie 7,000,000
Poste aux Lettres 14,000,000
Fermes des salines de l'est 2,000,000
Recettes diverses et accidentelles 6,000,000
Retenues sur les Traitemens . . . . . 13,000,000 ⎫
Abandon fait par le Roi sur la liste civile . . 10,000,000 ⎬ 23,000,000

Augmentation des cautionnemens 50,000,000
                                                          —————————
                    TOTAL 800,000,000

D'après mes données.

Impôts directs tels que je les ai dé-
taillés . page 2 de cet écrit. . . . . 320,000,000f.

25 pour cent qui résulteraient de l'augmentation qu'on pourrait faire éprouver à l'impôt mobilier et personnel. 6,822,250

326,822,250 fr.

Enregistrement et Domaines, en y comprenant les améliorations que je propose de faire au tarif existant . . . 136.000,000

Bois 20,000,000

Améliorations à faire éprouver à la taxe du Timbre, en la distribuant d'une manière plus équitable qu'elle ne l'a été jusqu'à présent. 15.000,000

171,000,000

Douanes, en ne faisant acquitter à la frontière du royaume . que les droits énoncés au tarif de 1814 . . . **30,000,000**

Sels, au *minimum* des produits **43,600,000**

Droits généraux tels qu'ils sont énoncés dans les anciens comptes rendus, ou que j'ai rectifiés. et en bonifiant dix pour cent aux aubergistes et aux cabare-
tiers qui s'abonneront, ... 84,823,807f.

Taxe d'entretien des routes. en *rem-placement* de celle proposée sur le poids des marchandises. 12.000,000

Part des octrois à faire verser au trésor public . en remplacement de l'augmentation des droits de Douane, et ceux proposés sur l'industrie et le commerce. 36,000,000

132,823,807

Tabacs au *minimum* des produits, quoiqu'en réduisant les prix, et en améliorant la qualité. **40.000,000**

Loteries **6,000,000**

Poste aux Lettres. **14,000,000**

Fermes des salines de l'est au *minimum* **2,000,000**

Recettes diverses et accidentelles. **6,000,000**

J'ai donné des motifs suffisans pour démontrer que ces deux sommes ne sauraient jamais figurer comme objets de ressources publiques d'un grand État.

Droit du marc d'or de grand et de petit sceau . . . **7,000,000**

Taxe sur les Domestiques et les Chevaux **10,000,000**

Cinquième du montant de la valeur des Offices minis-
tériels à ériger en titres héréditaires et transmissibles . . **25,000,000**

814,246,057

Excédant la somme de l'autre part, ... **14,246,057**

Somme égale. **800,000,000**

D'autre part excédent de recette. . . . . .   14,246,057 fr.

Augmentation des cautionnemens des citoyens employés à la gestion et perceptions
des deniers publics, telle qu'elle est énoncée
au compte du Ministre.   17,635,000

NOTA. En faisant porter les cautionnemens
sur un bien plus grand nombre d'employés,
qui devraient être assujettis à cette mesure,
cette somme serait très-augmentée.

Biens a vendre, autres que ceux qui ont
été restitués et énoncés page 34 du compte
au Roi en 1814, par M. le baron Louis,
rendu et qui doivent être remplacés à la
caisse d'amortissement.   10,000,000

Biens des communes, d'après ce qui est
énoncé page 35 du même compte ci.   87,052,644

Fonds et superficies de 270 mille hectares
de bois étant disponible sur la vente qui fut
autorisée par la loi du 23 septembre 1814,
et évalués à 700 francs
l'hectare au moins. 189,000,000 (1)

Augmentation présumée du produit de la
taxe sur le sel, *si on veut bien l'administrer,*
au moins.   26,400,000

Idem, sur le tabac, si
on veut mettre en usage
d'autres mesures pour
faire gérer cette branche   44,400,000
de revenu public d'une
manière plus productive
que dans ce moment, *au*
moins.   18,000,000

362,333,701

NOTA. La perception de ces 44,400,000 est fondée sur la consommation réelle qui se fait de ces denrées. *Puisque le peuple*
acquitte réellement les taxes auxquelles elles sont imposées, je le
dirai sans cesse, il est d'une utilité générale d'en faire rentrer l'intégrité au trésor public.

Plus, à ajouter à ces calculs, les augmentations présumées
les autres recettes, sur les économies, etc., etc.

____

(1) Quelle que soit la mesure qui sera adoptée relativement aux
biens des communes et aux bois, il n'y a aucun inconvénient de présenter la valeur de ces objets, puisqu'ils démontrent qu'il nous reste, encore,
dans ces immeubles une grande ressource, sur laquelle nous pouvons
toujours compter, soit pour acquitter nos dettes, soit pour pourvoir,
au besoin, à des dépenses extraordinaires.

NOTA.

En 1814, comme en 1815, le gouvernement, désirant être éclairé sur nos vrais intérêts, provoqua, en quelque sorte, les hommes instruits, et on leur donna toute la liberté qu'ils pouvaient désirer pour donner leur opinion. Dès les premiers momens de la restauration, je crus devoir donner des marques de mon dévouement. Au mois de mai 1814, je cherchai ; à dissiper l'inquiétude que la malveillance se plaisait à donner aux créanciers de l'état et j'assurai, dans le premier écrit que je publiai cette même année « *que toute la dette, n'importe sa natu.e, se- rait acquittée* ». Le compte rendu parut ensuite, et il démontra combien mon opinion avait été fondée, puisque les intérêts des créanciers de l'arriéré y furent stipulés à des conditions plus avantageuses *que beaucoup d'entr'eux n'en avaient eu l'espérance*. Je dois le dire parce que cette circonstance est essentielc au crédit ; et qu'elle honore autant le prince que la législature, *il y eut unanimité de suffrages, quand au principe qu'il fallait que toutes les créances fussent acquittées*. Mais il ne régna pas le même accord sur le mode de liquidation proposé par le ministre (1). Puisque mes divers écrits furent honorés du suffrage de beaucoup de bons esprits, j'avoue, avec quelque

---

(1) Pour démontrer la bonté des mesures proposées en 1814, un homme de beaucoup d'esprit a fait un calcul assez singulier ; puisque j'y suis cité, il peut m'être permis de copier ce qu'il nous dit à ce sujet. » Il a été publié, en 1814, sur les Finances, et à l'occasion du budget » proposé le 22 juillet 1814, soixante-onze discours ou écrits, sans » compter cinq discours des Ministres du Roi ».

» Dix-huit pour le budget » ;

» Cinquante-trois contre le budget, en y comprenant les écrits pu- » bliés avant le budget, et qui proposaient des mesures contraires à » celles adoptées par la loi du 23 septembre 1814 » Dans ce nombre on compte les trois écrits que je publiai.

Que veut-on nous donner à entendre par ce résultat ? Que dix-huit personnes avaient eu beaucoup plus d'esprit, de connaissance et de dévouement, que cinquante-trois, que parconséquent l'opinion de cette étonnante minorité était préférable, tandis que cependant, dans la majorité, il y avait beaucoup d'hommes qui, par leur expérrience, leurs services passés, et ceux qu'ils étaient en état de rendre encore, pouvaient bien le disputer *à la théorie presque toujours incertaine d'un système*. . . .

amour-propre, peut-être, que mon opinion fut opposée *au système des bons* (1) ; le tems ne nous a que trop prouvé que j'avais
eu raison , et qu'il eût été préférable, tant dans l'intérêt des
créanciers que dans celui du trésor public d'adopter le mode de
libération que je proposai (2), parce que tout serait terminé
depuis long-tems et que nous n'éprouverions pas le dissenti-
ment d'opinions qui a lieu dans ce moment.

Par l'adoption de ces mesures, on aurait été à même de mettre
le plus grand empressement à liquider et acquitter *indistincte-
tememt* tous les créanciers de l'arriéré, ainsi que le Roi le
désirait ; on leur eut donné, dès lors, *un titre positif*, au
moyen duquel ils auraient pu satisfaire leurs créanciers , qui,
de leur côté , ne cessaient de tourmenter le plus grand nombre

---

(1) Il ne faut pas juger de la bonté d'un système *par le faible essai
qui en a été fait.* 36,176,235 de bons du trésor furent émis en
1814. Malgré l'intérêt et la prime qui leur fut accordée, et qui s'éle-
vraient au total à 8 pour cent, le crédit de cette émission de papier
paraissait vouloir chanceler, et on se vit forcé d'en faire acheter sur la
place pour une somme considérable. *en la comparant à celle qui avait
été émise.* Mais aurait-on pu soutenir ces obligations à un cours aussi
avantageux, si, en remplissant les intentions du gouvernement, on se
fut pressé de liquider les créanciers en faveur desquels cette opération
fut décidée, et si on leur eut remis en obligation seulement 253 millions, qni était le tiers de la somme qu'on assurait alors leur être due ?
Je crois que la solution de cette question serait contraire à ce système,
qu'elle en démontrerait toute la fausseté, quoique cependant les créanciers de l'arriéré eussent eu le plus grand intérêt à maintenir ce genre
de papier à un cours élevé.

(2) Dans l'impossibilité de payer, en même-tems , 759 millions d'arriéré , intimement convaincu qu'il fallait s'accréditer *en remplissant les
intentions du Roi, qui voulait que l'arriéré fut acquité*, persuadé que la
mesure des bons *était inadmissible*, surtout après les fâcheuses épreuves
par lesquelles nous étions passés; croyant encore que lorsque, dans un
état , *il y a une dette* constituée , *il ne faut jamais l'augmenter*, et qu'il
est préférable, pour le crédit, de faire *une novation de dettes*, en créant
en même tems des fonds, tant pour l'amortissement que pour le service
des arrérages; désirant enfin maintenir la dette publique *à un cours
respectable*, je proposai *de traiter également tous les créanciers de l'arriéré.* D'après mon opinion, l'intérêt à cinq pour cent devait courir indistinctement pour tous, à dater d'une seule époque : *on se serait hâté
de les liquider*, on leur eut remis un contract payable dans l'espace de
dix ans ; je démontrai la possibilité d'opérer *annuellement notre libération*, et de faire, en même-tems, *le service des arrérages* de cette nou-
velle dette Si ce parti avait été suivi, tout ne serait-il pas terminé dans
ce moment? Je laisse le lecteur le juge de la mesure à laquelle il con-
venait de donner la préférence.

d'entr'eux ; en adoptant de telles mesures elles nous auraient bien plus accrédité, auprès de ces divers créanciers, que par des bons, qui ne leur donnaient *que des lueurs d'espérances très-incertaines*, et que même, dans leur intérêt, on ne pouvait émettre *qu'avec la plus grande circonspection*. Émissions qui devaient être des sujets d'une constante sollicitude pour le ministère obligé de recourir sans cesse à de nouvelles ressources, et peut-être de faire souffrir d'autres services importans, pour soutenir le crédit de ce nouveau papier; occupation qui devait nécessairement absorber un tems précieux, qu'il eut été bien plus utile, *pour le crédit, d'employer à l'amélioration de la perception des diverses charges publiques qui sont susceptibles de donner de très-forts produits, en adoucissant même le sort des contribuables.*

Sans doute nos créanciers doivent être pour nous de grands sujets de sollicitude, et personne ne leur a plus porté d'intérêt que moi; mais il ne faut pas penser que le crédit d'un état soit affermi, parce qu'on trouvera le moyen d'acquitter les dépenses de l'arriére. Le crédit consiste encore à organiser le service courant de manière a n'en faire souffrir aucun, et d'établir, en même-tems, des contributions, *avec de telles formes et de telles proportions* que les peuples ne voyent dans l'impôt « qu'une portion qu'on leur demande de leur revenu, pour qu'ils puissent avoir la libre et paisible jouissance de l'autre ». (Montesquieu) adoptons ces mesures et le crédit, dont tant de personnes prononcent *le nom sans, peut-être, en connoître les vrais effets*, adoptons ces mesures et le crédit reposera sur des bases inébranlables.

Si j'ai cru devoir entrer dans les développemens les plus minutieux sur chaque branche de revenus publics de la France; *ainsi que sur des nouvelles perceptions*, c'est pour démontrer *qu'en donnant tout ce qui est nécessoire aux besoins de l'état*, nous pouvons organiser la perceptions de nos impôts ou de nos taxes, d'une manière conforme aux intentions du gouvernement, *c'est-à-dire de les rendre les plus supportables possibles*. Mon opinion s'est trouvée renforcée de celle des divers écrivains qui, aussi par une louable concurrence, se sont empressés de donner des preuves de leur dévouement. Ce concours nombreux qui, peut-être, n'a jamais eu d'exemple, a dû satisfaire le gouvernement, puisqu'il est la meilleure preuve qu'on puisse lui donner du vrai et sincère attachement qu'on lui porte. En effet, j'ai lu la très-majeure partie des écrits qui ont été publiés, je n'en ai pas rencontré un seul, je le répète, *qui se soit récrié sur les quotités des sommes demandées*; mais seulement sur le mode de les acquitter; et le ministère, de son

côté , loin de nous désaprouver , a donné des éloges à nos intentions. « C'est du choc des opinions , ai-je entendu dire à
un de nos Ministres, que l'on peut souvent découvrir de
bonnes mesures , et il est utile , même pour l'esprit public ,
d'éclairer la discussion d'aussi grands intérêts que ceux qui
sont agités dans ce moment », aussi a-t-on laissé à tous les ordres de citoyens , la liberté qu'ils pouvaient désirer pour émettre
leurs opinions , ainsi qu'ils le jugeraient convenable , *ou d'a*
près leurs intérêts respectifs (a). Que ces travaux ne soient donc
pas perdus, tâchons d'en profiter pour que nos reveuus existans
rapportent tout ce qu'ils sont susceptibles de produire ; organisons enfin nos ressources de manière que le moment présent
puisse être l'heureux présage de l'avenir.

(a) En imprimant leurs réclamations , les chefs d'ateliers et les
commerçans ont si peu entendu se soustraire au paiement des sommes
nécessaires aux besoins de l'État, qu'ils ont offert 50 millions en remplacement des 40 qui leur étaient demandés , et rien ne prouve autant
leur attachement à l'ordre actuel des choses , que la générosité de ces
offres. Il paraît qu'on a été embarrassé sur les moyens à employer pour
le prélèvement de ces 50 millions.

Il me semble que si les mesures que je soumets à la sagesse du gouvernement et de la législature étaient adoptées , elles rempliraient les
intentions de nos fabricans et de nos négocians , puisque la taxe d'entretien *perçue d'une manière peu gênante , et servant en même tems de*
contrôle à la perception d'autres impôts indirects pourrait produire . . . . 10,000,000 fr.
Les octrois au moins. 36,000,000
Vingt-cinq pour cent d'augmentation sur les contributions mobilière et personnelle. 6,822,222

____

52,822,222

L'adoption de ces mesures ont en leur faveur l'avantage d'offrir des
moyens *durables* qui même pourraient annuellement s'améliorer, tandis
que l'augmentation des patentes, des portes et fenêtres, a l'inconvénient
de présenter de grandes difficultés qu'il sera très-difficile de surmonter;
augmentation qui ne donne des recettes que pour l'année, et il faudra
être à la recherche d'autres impôts pour l'année 1817, dans laquelle
nous aurons les mêmes dépenses à acquitter qu'en 1816.

ÉTAT de la valeur des principaux objets servant à la consommation des Habitans de la Capitale, que je suppose pouvoir être imposés aux droits d'octroi, et pour donner à connaître en même tems quels pourraient être les produits de cette branche de revenu, si on le généralisait et si on croyait pouvoir l'établir en remplacement des taxes proposées sur l'Industrie et le Commerce.

LAVOISIER donna ces mêmes évaluations, lorsqu'elles lui furent demandées par le Comité d'Impositions de l'Assemblée constituante. Ces estimations sont au-dessous de la consommation réelle qui se fait de ces diverses marchandises.

DENOMINATION des OBJETS.	LEUR VALEUR.	QUOTITÉ DE L'IMPOT à leur faire supporter.	MONTANT de L'IMPOT.
	f.		f.
Pain.	20,000,000		
Viandes de boucherie	40,500,000	10 p. o|o	4,050,000
Beurre frais.	3,500,000	5 p. o|o	175,000
Id. salé et fondu.	1,800,000	*id.*	90,000
Fromages frais.	900,000	*id.*	45,000
Id. salés.	1,500,000	*id.*	75,000
Marées fraîches.	3,000,000	10 p. o|o	300,000
Harengs frais.	400,000	5 p. o|o	20,000
Salines.	1,500,000	5 p. o|o	75,000
Cires et Bougies.	1,345,000	25 p. o|o	336,000
Sucre et Cassonades.	7,800,000	20 p. o|o	1,560,000
Cafés.	3,125,000	25 p. o|o	781,250
Huiles.	6,000,000	10 p. o|o	600,000
Pruneaux.	476,000	*id.*	47,600
Sel sans l'impôt.	440,000		
Tabac.	4,000,000		
Savon.	1,140,000	10 p. o|o	114,000
Potasse, Soude, etc.	1,000,000	*id.*	100,000
Papier.	10,000,000	20 p. o|o	2,000,000
Cuivre.	450,000	10 p. o|o	45,000
Fer.	1,600,000	*id.*	160,000
Plomb.	960,000	*id.*	96,000
Etain.	350,000	10 p. o|o	35,000
Vif Argent.	63,000	20 p. o|o	12,600
Epiceries.	10,000,000	20 p. o|o	2,000,000
Drogueries.	3,000,000	*id.*	600,000
			11,692,450

DÉNOMINATION des OBJETS.	LEUR VALEUR.	QUOTITÉ DE L'IMPOT à leur faire supporter.	MONTANT de L'IMPOT.
	f.		f.
Ci-contre. .	. . . . . .	. . . . . .	11,692,450
Merceries,	4,000,000	10 p. o|o	400,000
Clincaillerie.	4,000,000	*id.*	400,000
Cuirs, Peaux et Pelleteries.	4,030,000	*id.*	403,000
Vin.	32,500,000	*id.*	3,250,000
Eau-de-vie.	2,400,000	20 p. o|o	480,000
Cidre.	120,000	10 p. o|o	12,000
Bierre.	1,200,000	*id.*	120,000
Vinaigre.	400,000	*id.*	40,000
Bois à brûler.	20,000,000	*id.*	2,000,000
Bois à bâtir.	4,000,000	20 p. o|o	800,000
Charbon de bois.	3,500,000	*id.*	700,000
Charbon de terre.	600,000	*id.*	12,000
Foin.	2,100,000	*id.*	420,000
Paille.	1,980,000	*id.*	396,000
Avoine.	5,250,000	*id.*	1,050,000
Orge.	136,000	*id.*	27,200
Grenailles.	28,000	10 p. o|o	2,800
Poisson d'eau douce.	1,200,000	20 p. o|o	240,000
Œufs.	3,500,000	10 p. o|o	350,000
Légumes et Fruits.	12,000,000		
Drap.	8,000,000	*id.*	800,000
Etoffe laine.	5,000,000	*id.*	500,000
Soie et Etoffe de soie.	5,000,000	25 p. o|o	1,250,000
Toile.	12,000,000	10 p. o|o	1,200,000
Materiaux.	4,000,000	20 p. o|o	400,000
Volaille et Gibier.	6,047,000	20 p. o|o	1,369,400
			28,314,850

Nota. Toutes les marchandises en coton ne sont pas comprises dans ces calculs, ce qui ajouterait une somme considérable à celle ci-dessus énoncée.

Quand à ces diverses taxes, il serait facile d'en organiser la perception de manière à ne porter aucune entrave à l'industrie ni au commerce.

En adoptant cette mesure, on prélèvera l'impôt au moment le plus opportun pour l'acquitter, c'est-à-dire à celui qui est le plus rapproché de la consommation, on diminuera encore la taxe trop excessive mise sur les objets de première nécessité, ou en provoquera une plus grande consommation et les frais de perception seront peu dispendieux.

Si on veut encore comparer la somme qu'on pourrait retirer des octrois de Paris, et dont l'augmentation que je propose serait versée au trésor public ; on se convaincra qu'en combinant beaucoup mieux l'impôt, on percevrait une somme moindre qu'en 1789, puisque la part revenant au trésor était affermée 30,000,000, à laquelle somme il faudrait ajouter ce que l'on prélevait aux barrières, et qui revenait à la ville de Paris, aux hôpitaux et à des corporations ; enfin je croirais le mode des octrois préférable à celui proposé par la loi sur les finances, puisque ce dernier entraverait l'industrie et le commerce, et que nécessairement il coûterait des frais immenses de perception.

NOTE.

(a) Quelques personnes trouvent extraordinaire que j'établisse en principe, que lorsque les taxes sont trop excessives, les mesures les plus efficaces qu'un gouvernement puisse mettre en usage pour en augmenter les produits, c'est de les diminuer. Je leur répondrai par la citation de deux faits étrangers à la France, et dont j'ai retiré un grand avantage dans d'autres écrits.

Presque tous les gouvernemens ont cru devoir faire une branche de revenu public, de la fabrication des tabacs. Cette taxe était autrefois si élevée en Espagne, elle favorisait tellement la contrebande, qu'elle ne produisait presque rien à l'impôt. Cependant ce pays est un de ceux où cette consommation est la plus répandue. La taxe sur cette denrée et les moyens de lui faire rapporter le plus possible, furent agités au conseil *du roi Charles III*. Le Ministre des Finances proposa *pour pouvoir effectuer de fortes rentrées, de réduire la taxe de moitié*. Au premier aperçu on rejetta cette opinion ; mais le Ministre raisonna si bien son avis qu'on finit par l'adopter, et cette taxe produisit subitement beaucoup plus qu'on n'en avait espéré.

Personne n'ignore que le thé était imposé en Angleterre à des prix si élevés qu'on l'introduisait en contrebande, et que cette taxe ne produisait que très-peu, quoique la consommation de cette denrée soit très-considérable dans ce pays.

Le ministre proposa un bill qui réduisait beaucoup l'impôt, et, depuis cette époque, cette branche de revenu a éprouvé des acroissemens remarquables.

FIN.

(Paris) VALADE, Imprimeur du ROI et de MADAME.

www.ingramcontent.com/pod-product-compliance
Lightning Source LLC
Chambersburg PA
CBHW061121050726

47594CB00005B/2033